MAURICE LE BLOND

Le Théâtre héroïque et social

Conférence prononcée au Collège d'Esthétique Moderne
le 11 mai 1901

PRIX : 50 CENTIMES

Collection de *LA REVUE NATURISTE*

P.-V. STOCK, Éditeur
27, *rue de Richelieu,* PARIS

LE THÉATRE

Héroïque et Social

MAURICE LE BLOND

Le Théâtre héroïque et social

Conférence prononcée au COLLÈGE D'ESTHÉTIQUE MODERNE
le 11 mai 1901

COLLECTION DE *LA REVUE NATURISTE*

P.-V. STOCK, ÉDITEUR
27, rue de Richelieu, ***PARIS***

LE THÉATRE HÉROÏQUE ET SOCIAL

Maintes personnes commencent à comprendre que nos théâtres, avec leur disposition actuelle, l'exiguité de leurs scènes, l'aménagement suranné des salles de spectacle ne correspondent plus à l'idée que nous nous faisons d'une représentation dramatique. Ce sont des cadres vieillots qui ne peuvent convenir qu'à des œuvres le plus souvent mesquines et, la plupart du temps, dépourvues de pompe et de splendeur. Dans ces théâtres copiés sur un modèle presque invariable, on ne s'assemble que pour éprouver un plaisir égoïste et frivole, mais il semble que toute joie supérieure et collective en soit exclue. Les spectateurs eux-mêmes y sont parqués selon leurs castes sociales. Les places y sont hiérarchisées d'après l'état des fortunes, suivant l'aristocratie des porte-monnaies.

Et, nous sommes loin de notre rêve : Le théâtre futur, devenu un lieu d'eucharystie sociale, ouvert à tous ainsi qu'un temple, dans lequel pénètrent et peuvent prendre place tous les citoyens d'un même canton ou d'une même cité, afin de communier dans une même ferveur, confondant leurs conditions dans un même élan d'allégresse, et pour un jour et pour une heure devenus égaux devant la Beauté.

Cette étude a fait l'objet d'une conférence qui a été prononcée au Collège d'Esthétique Moderne, *le 11 mai 1901.*

Mais, cette conception d'un pareil théâtre est-elle irréalisable ? En y réfléchissant je ne le crois pas. Elle n'est point, comme on pourrait se l'imaginer, le vœu utopique d'un groupe d'artistes ambitieux. Bien au contraire, un tel projet s'appuye sur tout un mouvement d'idées, il est conforme aux principes même du grand art, et sa nécessité esthétique apparait indispensable dans une société socialiste.

Il y a quelques mois, on s'en souvient peut-être, quelques écrivains, quelques artistes mêlés à quelques hommes politiques, tentèrent de provoquer dans ce sens un courant d'idées et d'opinion. Ce fut, si je ne me trompe, la *Revue d'Art Dramatique* qui prit l'initiative de ce mouvement. Un comité se constitua et ouvrit un concours, afin de couronner le meilleur projet de Théâtre Populaire, institué sur les grandes bases que je viens d'indiquer. Des devis très ingénieux, de vastes plans et tout un ensemble d'idées fort pratiques, parvinrent à ce comité.

Au projet de M. Eugène Morel fut décerné le prix de ce concours. Ce projet très complet au point de vue de l'organisation financière et pratique, présente pourtant d'énormes lacunes. Nous y rechercherions en vain quelques aperçus sur l'architectonique de ce théâtre, et la question du répertoire, primordiale en la matière, est à peine traitée. « L'auteur d'un projet de Théâtre Populaire est toujours attendu à cette question : Quelles pièces jouera-t-on ? — Nous répondrons simplement : Cela ne nous regarde pas. » Voilà ce que dit M. Morel sur cet important sujet. Vous avouerez que c'est un peu succinct.

Pourtant, l'œuvre wagnérienne a précédé Bayreuth, et avant de songer à bâtir un tel théâtre, où les aspirations de l'humanité actuelle puissent se satisfaire de spectacles héroïques et s'exalter dans de splendides apothéoses, peut-être serait-il préférable de savoir ce qu'on y jouera, de nous mettre simplement au travail, d'écrire des drames qui soiont dignes d'un tel décor. Et pour ma part, jusqu'à présent, je dois avouer que je n'en vois guère. Toute la production théâtrale chez nous est d'essence plutôt aristocratique. Nos comédies, depuis le XVIIe siècle, semblent être écrites pour être jouées dans des salons, devant une assistance spirituelle, brillante et choisie. Quant à la tragédie classique, celle de Racine surtout, elle ne fut guère qu'un drame de paravent. Et nos auteurs, jamais, ne surent rompre complètement avec cette tradition Ils en ressentent et en manifestent toujours l'influence. C'est seulement dans les genres inférieurs, comme le mélodrame qui sévissait vers le milieu du dernier siècle, ou encore comme la Revue de fin d'années qui est toujours fort en faveur, que nous pourrons trouver l'esquisse — d'ailleurs informe et caricaturale — d'une dramaturgie populaire, compatible avec les instincts modernes.

C'est pourquoi, lorsque nous avons lu *La Tragédie du Nouveau Christ*, la récente œuvre de Saint-Georges de Bouhélier, nous fûmes plusieurs à y distinguer, en dehors de ses qualités humaines, le type d'une formule nouvelle et comme l'aurore de tout un cycle d'œuvres prochaines Et, en effet, je crois bien que Bouhélier vient de terminer tout simplement le grand drame révolutionnaire, la tragédie d'un caractère démocratique, dont nous pressentions l'utilité. Depuis si longtemps qu'on nous parle d'un Théâtre du Peuple, géant, gratuit, héroïque, voilà une œuvre qui par ses proportions, la magnificence inusitée du ton et du sujet, le genre d'émotion sociale qu'elle dégage pourrait enfin convenir à ce décor immense et splendide, tant de fois rêvé pour les futurs spectacles des prochaines démocraties, à ce décor qui n'existe hélas, que dans l'imagination de certains idéologues audacieux et dans le cerveau de rares architectes socialistes.

Par l'effet d'un effort vigoureux et admirable, Bouhélier s'est élevé au-dessus du théâtre exclusivement psychologique, de la casuistique mondaine et des mesquineries purement réalistes. Avec Racine, avec Beaumarchais, avec Dumas fils, avec M. de Curel, l'art théâtral n'était que de la conférence dialoguée, quelque chose de mitoyen entre la saynette et la thèse. Bouhélier vient de nous doter d'une pièce synthétique qui vient à la fin du ballet et du mimodrame, de l'opéra et de la farce, qui rappelle le drame antique, malgré sa forme moderniste et malgré l'accent réaliste et outrancier de ses dialogues. Au tragique royal et nobiliaire de Racine et de ses imitateurs, au pathétisme bourgeois dont Beaumarchais avec *Le Mariage de Figaro*, et Diderot avec *Le Fils Naturel* semblent avoir été vraisemblablement les pères, il oppose la première tentative d'une tragédie populaire, qui ne paraîtrait pas étriquée dans le vaste cirque de notre Hippo-Palace parisien. Jamais, donc rien d'aussi grand n'avait été composé pour une scène française.

Ce que nous distinguerons dans *La Tragédie du Nouveau Christ*, de Saint-Georges de Bouhélier, c'est pourrai-je dire le confluent de deux grands courants qui se dessinent depuis quelques années dans l'art dramatique.

Le premier de ces courants, c'est la tendance qu'ont nos dramaturges à exposer aux lumières des rampes l'expression des conflits sociaux et des émotions collectives. Tout un cycle d'œuvres, de tragédies émouvantes, naquirent déjà, conçues selon cette formule. Ce furent Ibsen, Bjornson, Hauptmann, qui enrichirent d'abord l'art humain de ces hauts chefs-d'œuvres qui sont *L'Ennemi du Peuple, Au-dessus des Forces, Les Tisserands*. Puis nous vîmes, en France, les hautes tentatives et les belles réalisations de MM. François de Curel, Paul Adam, E. Verhaeren, Octave Mirbeau, Lucien Descaves, Maurice Donnay, qui nous donnèrent successivement *Le Repas du Lion, Le Cuivre, Les Mauvais Bergers, Les Aubes, La Cage, La Clairière*. Ce furent ces auteurs qui élargirent la formule primitive du Théâtre Libre, et qui parvinrent à substituer à la pièce à thèse sentimentale, la pièce à thèse sociale. Ils ont doté la scène française de drames d'une logique violente et implacable.

Le second de ces courants, qui semble opposé au premier, tendrait plutôt à rétablir un théâtre poétique, à grand spectacle, plein de lyrisme et d'apparat, empruntant de préférence ses thèmes scéniques à la légende et aux anciens thèmes fabuleux. Ce qu'a fait Wagner dans la Musique et pour la Germanie, maints poètes, chez nous, voudraient le tenter à leur tour dans l'art littéraire, en s'inspirant des traditions latines. Il faut voir dans les représentations naguère organisées à Orange et à Béziers, d'*Antigone* et de *Dejanire*, dans les essais si intéressants de M. Pottecher, à Bussang, d'évidentes manifestations du sentiment que je viens d'exposer.

Ainsi, d'un côté nous voyons des auteurs qui

s'efforcent d'émouvoir le peuple par le spectacle de ses propres misères, qui l'excitent et qui l'exaltent ; de l'autre, des dramatistes qui essayent au contraire de lui faire oublier sa condition présente, de l'en distraire par le charme, la magnificence et l'attrait de fictions chimériques et sentimentales.

Laquelle de ces deux conceptions prévaudra ? Où est le faux, où est le vrai ? Pour moi j'estime que chacune d'elles détient sa parcelle de vérité et sa parcelle d'erreur. D'une part, il serait ambitieux de prétendre qu'un théâtre purement philosophique, tout entier dans des chocs intellectuels, soit susceptible de séduire et d'enthousiasmer les foules. Pour les foules, il faut du pathétisme, du mouvement, de la fureur, de l'action, de la grâce. Une passion concrète les intéressera toujours davantage qu'un problème abstrait, et j'ai peine à m'imaginer que le vrai peuple tirerait beaucoup d'émoi du didactisme de M. de Curel, par exemple.

Et puis un autre inconvénient, un autre danger de ces sortes de pièces sociales, quelquefois même purement sociologiques serait d'abaisser le théâtre à n'être souvent qu'une tribune politique. Il serait à craindre que, au lieu d'écrire des œuvres d'art, on arrivât bientôt à ne faire plus que des pièces à thèse, des pièces de tendance. Et l'on verrait certainement des démagogues s'emparer de ces drames, en user comme de moyens de propagande au profit de leur parti ou de leur propre ambition. Or, si pareille éventualité se produisait, ce serait, croyez-le bien, pour l'art dramatique une aventure déplorable.

Mais, pour passer à un ordre d'idées opposées, un public de paysans, de boutiquiers et d'ouvriers, pourra-t-il prendre du plaisir à une tragédie mythologique quelconque, à l'un de ces drames adaptés de l'antique ou tirés du « merveilleux chrétien » dont les poètes ont coutume de nous excéder? Je le crois moins encore. Toute époque possède son idéal particulier. Elle a besoin de héros qui représentent et incarnent cet idéal. Et, si un public populaire s'intéresse parfois à ce genre de pièces, c'est qu'il sera éprouvé par la redondance du verbe ou les aspects extérieurs du spectacle, mais son être intime, jamais, ne sera touché profondément.

Il me semble pourtant que nos auteurs pourraient fort bien s'inspirer de ces deux traditions dramaturgiques L'époque actuelle possède sa beauté, son héroïsme, sa grandeur pittoresque comme toutes les autres. Mais cette beauté, cet héroïsme, cette grandeur pittoresque, il s'agit de la distinguer, de la dégager, de l'exprimer. Un Emile Zola a bien su en tirer une épopée comme *Germinal*. Pourquoi des dramatistes nouveaux ne découvriraient-ils pas dans la multitude des conflits sociaux qui nous émeuvent, dans cette vie moderne qui nous entoure, les éléments d'un art théâtral, embryonnaire encore, fait de magnificence, d'héroïsme épique, d'hiératique poésie. (1)

« Il n'y a pas d'art scénique, hors du style héroïque, écrivait M. Péladan, dans une Enquête sur la Question Sociale au théâtre. La pièce sociale serait un retour à la majesté d'Eschyle, si le socialiste y prenait les traits titaniques de Prométhée et le bourgeois ceux olympiens de Zeus ». Cette phrase métaphorique pourrait devenir une excellente for-

(1) Les tentatives si intéressantes comme *Monsieur Bonnet*, *La Noblesse de la Terre*, que fit M. Maurice de Faramond dans cet ordre d'idées sont notamment à retenir.

mule, et si je l'ai notée, c'est parce qu'elle indique suffisamment dans quel sens il serait aisé de résoudre ces antinomies théâtrales.

Saint-Georges de Bouhélier, me semble-t-il, n'est pas éloigné de sentir de cette manière. Jamais, ce superbe poète, ce jeune et puissant manieur de mots, n'a cessé de penser au grand art antique, jamais non plus il ne détourna les yeux de la vie présente. De là deux éléments de création qui conféreront à la *Tragédie du Nouveau Christ*, un caractère vraiment unique, dans notre époque d'art contemporaine.

Sa conception du théâtre, à la fois civique, religieux, énorme, est semblable à celle des tragiques grecs : « Le théâtre des anciens, écrit Victor Hugo dans la *Préface de Cromwell*, est, comme leur drame, grandiose, pontifical, épique. Il peut contenir trente mille spectateurs ; on y joue en plein air, en plein soleil : les représentations durent tout le jour. Les acteurs grossissent leur voix, masquent leurs traits, haussent leur stature ; ils se font géants comme leurs rôles. La scène est immense. On y déroule de vastes spectacles... Architecture et poésie, là tout porte un caractère monumental. L'antiquité n'a rien de plus solennel, rien de plus majestueux. Son culte et son histoire se mêlent à son théâtre. Ses premiers comédiens sont des prêtres ; ses jeux scéniques sont des cérémonies religieuses, des fêtes nationales ».

Ecoutez à son tour M de Bouhélier exposer ses idées dramatiques. « Si le théâtre, comme je le crois, doit prendre de plus en plus la proportion du temple, il faut tout d'abord que le drame acquière un caractère religieux. Il est bon qu'il soit constitué dans un esprit d'exaltation universelle. Il a pour but de remplacer les offices maintenant périmés des cathédrales. Conforme à la nouvelle piété de notre époque, revêtant les pratiques du culte de la beauté, créé afin de provoquer toutes les impulsions instinctives du sentiment, susceptible d'agir sur les sens par le spectacle des plus purs groupes humains, le drame aspire dès à présent, et sans que l'on s'en rende un compte exact, à représenter l'univers dans son intarissable élan, dans la mobilité divine de ses aspects, dans la perfection renouvelée de ses cadences. Et voilà comment il me semble appelé, en s'élargissant et en s'augmentant, à constituer les mythes nouveaux, à être une parade érotique et religieuse, à modifier les lois anciennes de la morale. Pour le peuple et pour les hommes, le théâtre va devenir bientôt un lieu de communion et de célébration »

Et maintenant que nous avons indiqué notre conception du drame héroïque et social, quelle doit en être l'esthétique ?... Le propre du théâtre populaire est de correspondre à un sentiment général et le plus possible universel, c'est-à-dire que l'observation des cas particuliers, les émotions localisées et singulières devront en être bannies. Les héros du drame populaire devront devenir des héros représentatifs d'une émotion générale, leur psychologie devra fortement s'amplifier, leur verbe se grossir pour que les sensibilités différentes et les cultures qui composent une assemblée aussi compacte puissent s'y reconnaître et en extraire de respectives délices. Songez que nous ne sommes plus en présence d'un public, mais du public, que nous ne sommes plus en face d'une fraction du peuple, mais en face du peuple lui-même. Et qu'est-ce que peut réclamer une pareille assistance où toutes les classes, toutes les castes, toutes les conditions de fortune et d'intelligence se trouvent noyées et comme fondues pour constituer un grand organisme composite ; que peut-elle réclamer, sinon des personnages historiques et nationaux, ou bien des types représentatifs d'entités éternelles Il faut que l'action qui se passe sur la scène rappelle à cet unique et formidable spectateur qui est assis devant elle, et qui n'est autre que la ville entière, une grande crise de sa vie publique dont aient souffert tous les citoyens, dont aient pleuré ou bondi d'allégresse toutes les familles. Une guerre par exemple, une grève, une épidémie, la chute d'une dynastie, la famine, une révolution, les exploits ou les funérailles d'un grand homme, ou bien encore un cataclysme quelconque, un siège ou encore une victoire. Une victoire, vous savez que c'est le sujet de la plus émouvante tragédie d'Eschyle *Les Perses*, qui valurent à son auteur après la représentation de ce drame civique d'être traîné à l'Acropole, comme un triomphateur, par ses compatriotes en délire.

Ce que le poète doit donc rechercher en la matière qui nous occupe c'est une situation œcuménique, afin que l'entière collectivité des spectateurs puisse y communier également en de successifs transports de plaisir ou de terreur. Aussi voudrais-je exposer sans tarder davantage, comme quoi la *Tragédie du Nouveau Christ* pour en revenir à cette œuvre, présente tout à fait ce caractère d'universalité dont nous venons de démontrer la vertu nécessaire.

Bouhélier a imaginé, en effet, un Christ de retour parmi nous, présentant tout à coup sa face héroïque et tourmentée, aux portes de nos octrois, au milieu d'une populace d'usine, menaçant de ses prophétiques paraboles les caduques hiérarchies d'une société mourante.

C'est là une hypothèse romanesque, hardie, puissante ; elle traduit une superstition toujours vivante chez les hommes. Mais cette superstition populaire, comme toutes les intuitions instinctives, correspond à un sentiment humain et éternel : l'attente infinie, universelle et permanente du héros qui viendra sauver les esprits et les corps de la douleur, augmenter un peu plus la félicité terrestre.

L'attente, oui c'est bien l'attente de toute une population épaisse et stagnante que l'on sent fortement peinte dans la première partie de l'ouvrage. Le soir tombe à l'entrée d'un bourg villageois ; près d'une guinguette où sont attablés des hommes abrutis par une journée de travail, quelques femmes dansent mélancoliquement en essayant de tuer l'ennui par des chansons. Et ce sont des scènes d'intimité où l'on perçoit la monotonie invincible, pesante et stupide des existences toujours les mêmes, accablées par la lourdeur de vivre. Et dans leurs gestes, dans leurs paroles, on pressent que tous attendent, quoi ? on ne sait pas. Mais tous attendent, jusqu'à la misérable prostituée, Marie la Pouille, qui a l'air de chercher un homme, mais qui va peut-être trouver l'amour ou autre chose, quelque chose qui la fera dévier du cercle fermé de son destin.

C'est à ce moment que paraît le Christ avec quelques camarades, et l'aspect de ces chemineaux produit une impression sinistre sur les buveurs comme sur le cabaretier. Ceux-ci incitent la

Pouille à leur parler et le dialogue s'engage, il va s'élever tout de suite à une remarquable hauteur tragique :

Elle interroge :

— Qu'est-ce que vous faites dans ce pays ? Est-ce que vous le trouvez joli ? Il n'est pas beau !... Il doit vous paraître bien horrible et bien lugubre...

—... Les autres parties de l'univers sont-elles moins tristes ? Et celle-ci est-elle donc l objet d'une désolation plus extrême et plus constante ?

— Oh ! mon Dieu, on ne s'y plaît guère, répond l'innocente Marie la Pouille... Vous ne voulez pas me faire du chagrin. Mais quoique vous puissiez dire, et bien que j'aie peu voyagé pourtant, allez, je sais bien qu'il doit exister dans l'un des hémisphères du monde, peut-être très loin, mais quelque part assurément, un endroit de bonheur et de repos... Car ce ne serait pas la peine de vivre comme on le fait chez nous, si aucun être ne pouvait connaître de la joie, un peu au moins, et ici nous n'en avons pas... ça c'est certain.

Et l'entretien continue sur ce ton, sans défaillance.

La Pouille, séduite dans tout son être, suivra dans leurs pérégrinations le *Nouveau Christ* et ses compagnons, devenue elle-même une sorte de Madeleine, docile et farouche, sauvage et exquise. Et voici que le Christ reprend sa route. C'est un vagabond merveilleux, dont les traits rappellent à la fois ceux de Vaillant et ceux de Ravachol. Portant le bourgeron du trimardeur, déguenillé, maculé de boue et la besace aux reins, il marche hagard et magnifique entouré de ses compagnons, Elie le Fossoyeur, Zacharian le carrier, Martial le Maçon. Ils vont, chassés des fermes et des granges, ayant souvent pour couche la cavité d'un fossé, vivant de rapines et de vols. Et Christ prêche la bonté, l'harmonie, la justice, la fin prochaine de la propriété et de l'égoïsme, mais seuls les anathèmes des hommes et l'aboiement prolongé des chiens gardiens le poursuivent parmi les plaines.

Telle est la destinée de ce Christ, repoussé de partout, dont les paroles excitent les railleries des badauds, dont l'Evangile d'amour par une sorte de loi terrible et mathématique provoque des fléaux, des calamités, des catastrophes sans nombre, les unes amenant la destruction d'une ville entière, les autres le deuil d'une famille ainsi que nous le voyons dans la deuxième partie, toute d'intimité, d'une émotion qui paraît plus tragique et plus immédiate, d'être condensée entre quatre murs.

La scène représente une salle pauvrement éclairée dans une chambre adjacente, on aperçoit un lit blanc de jeune fille, où sommeille une malade. Dehors, c'est la nuit ; le vent et la pluie font rage. Deux femmes veillent silencieusement, Le père, dans un coin paraît abattu.

La jeune fille est à l'agonie, la mère désolée l'assiste et l'encourage à lutter contre la fièvre. Mais elle-même, sans oser se l'avouer, est à bout d'espoir, tout son être est en prière, elle n'espère plus qu'en un miracle du ciel.

A ce moment, on entend à l'extérieur des voix, des pas, des allées et venues, le bruit d'une troupe d'hommes qui marche. Qu'est-ce donc ? On l'a compris, c'est le Christ et ses amis égarés, traqués peut-être, à la recherche d'un toit, en quête d'un refuge.

Tout à coup, on frappe à la porte. Des voix implorent. Le père, furieux d'être troublé dans sa douleur, les repousse avec effroi et fureur. Les voix reprennent : « Nous demandons un gîte... Etes-vous sans cœur ? » Mais le père, au comble de l'exaspération contre ces intrus, décroche son fusil et devient menaçant. Les pas alors s'éloignent et la jeune malade dont le délire tout le temps de cette scène n'a pas cessé d'augmenter, expire alors en murmurant : « Ils n'ont pas eu pitié !... Christ ! Ah ! Christ, c'était lui. »

Tout cet acte avec ses gradations tragiques, par l'élévation de la pensée et du drame, voilà vraiment du théâtre de premier ordre. Mais où M. de Bouhélier est surtout novateur, c'est dans les scènes de foules agitées, frénétiques et violentes.

C'est d'abord la fête dans la ville le jour de l'inauguration de la cathédrale.

Toute une vision de ripaille et de kermesses. Il y a là une jovialité, une bouffonnerie, une folie furieuse, un déchaînement de sensualité populacière qui ne ressemble à rien de ce qui existe dans la littérature dramatique. Traversé de monômes d'étudiants, effervescent des mille pépiements des grisettes joyeuses, tout sonore des rodomontades des matrones, éclatant comme une fanfare de polisonnerie et de gros rire, voilà bien rendu avec de puissantes touches à la Rubens, le rut énorme et collectif d'une après-midi de moderne mi-carême. Jamais le grouillement d'un peuple n'avait été exprimé au théâtre d'une façon aussi parfaite et aussi forte.

Il n'y a pourtant pas que de la joie, que de la farce dans ce drame. Il y a aussi des moments de panique nationale où la terreur obtient son effet maximum.

Quand les casernes, les banques, la cathédrale ont été dynamitées par les compagnons du Christ, et que l'on assiste à tout cela de la colline qui domine la ville, sorte de butte Montmartre symbolique, on peut avoir la sensation de ce qu'est une population entière bouleversée par l'épouvante. La peur qui enserrait au moment des exploits anarchistes, une multitude d'individus affolés qui ébranlait la vie de toute une ville, nous la voyons revivre devant nous en quelques traits rapides, brefs et brutaux.

Lorsque les cris des soldats se sont apaisés, lorsque la cohue des bourgeois, des bourgeois sinistres et grotesques burinés par un Daumier du verbe, a cessé ses lamentations, le décor nocturne reste occupé par des mendiants, des estropiés, des faméliques qui, ayant assisté impassibles au drame. peuvent maintenant gueuler aux quatre vents leur haine satisfaite. Au loin on entend, par bribes, les refrains d'un terrifiant et trivial cantique révolutionnaire. Et en face de cette fin de fête, de cette ville en clameurs, devant les flammes continuelles de l'incendie qui lèchent l'horizon rouge, l'accent du Ça ira s'élève prophétique et prend tout à coup l'ampleur et l'énormité d'un apocalyptique *Dies iræ*.

C'est alors que ces manchots, ces bancals, ces gueux, ces crève-la-faim s'unissent dans une sarabande sinistre. Les pauvres vont prendre leur revanche et seront implacables.

Tandis que l'aveugle, l'aveugle qui est resté à l'écart des autres, étendant sa main tremblante du côté de la métropole, profère d'un ton exalté :

« Croule, ville immense ! Disperse-toi Et toi, brille, ô foudre !

« Allons, que la danse vous secoue et vous fasse

circuler avec fureur ! Voilà le moment pour nous d'être heureux. »

Oui, si tous les pauvres de ce monde pouvaient être réunis devant cette ville, en présence de sa destruction, ils se féliciteraient de ce spectacle. Ils formeraient une ronde formidable !... Ils feraient retentir l'espace de leurs clameurs !... Car dans toute chose, il existe des causes de plaisir et de souffrances Ce qui est pour certains une catastrophe est pour beaucoup une circonstance heureuse... Et ainsi le même événement apporte aux uns de la tristesse et aux autres une raison de jouir de l'existence... provoquant la haine et l'amour, le destin heurte ensemble parfois tels des courants de lave avec des torrents d'eau, les passions les plus éloignées en vérité !...

Ainsi tandis que nous sommes là, à tirer de ce rouge désastre des motifs de satisfaction et de gaîté, nous les pauvres, nous les va-nu-pieds, nous les sans le sou, nous les gueux, les autres se lamentent dans la nuit devant ces ruines... Mais ceux-là, ils ont eu leur fête avec des prétextes de plaisir à l'infini. Et quant à nous, il nous a manqué.... Ils ont eu leur temps de bonheur. Et voilà que le nôtre est arrivé aussi... Ils ont connu un jour de grande béatitude... Et ils sont maintenant dans l'ombre et dans la mort !... Il est juste que l'heure de la fête commence pour nous ! »

Et sur ces mots s'achève le tableau tumultueux et farouche, ce pendant que au loin on entend les vagues rumeurs d'épouvante qui persistent à monter de la ville par larges vagues.

La sixième partie est peut-être d'un pathétique moins bruyant mais non moindre. Christ réprouve la propagande par le fait, à présent qu'il a vu agir ses compagnons, et la meute de leurs appétits se ruer librement, il comprend qu'il est trahi dans sa doctrine et, se sentant responsable des actes de ses fidèles, il se livre en même temps que Marie la Pouille qui a refusé de l'abandonner.

Le procès et le supplice du compagnon terminent dignement cette tragédie émouvante et forcenée. Quoi de plus beau que la marche du Christ à l'échafaud, tandis que la populace déchaînée, toute une marée de gueules en furie, invective le héros qui va mourir, et que les femmes du peuple, secouées par la colère, manifestent, à ce moment, leur rage victorieuse, dans une dernière danse, féroce, hérissée, bondissante. L'aveugle bestialité humaine dont nous vîmes, en 1898, au procès Zola, les ignobles manifestations, Bouhélier l'a évoquée là dans une fresque démesurée.

⁂

« La danse occupe une place énorme dans le drame de M. de Bouhélier, écrivait récemment M. Laurent Tailhade. A la ronde mystérieuse des étoiles répondent les saltations humaines, pyrrhiques guerrières ou carmagnoles assassines, c'est le *koros dithurambos* d'Euripide qui, par les changements de la figuration, amenait les péripéties dans le théâtre hellénique. La tragédie du *Nouveau Christ*, ouvre par une danse de femmes paysannes inconscientes, et se ferme par la danse macabre des Parisiennes devant Jésus condamné. Ainsi, les jambes découvertes et portant des fleurs sur sa gorge nue, valsait à Tivoli Thérésa Cabarrus dans l'orgie sanglante du Neuf-Thermidor. »

« Il serait mal à propos de chercher sur son langage des querelles de pédant à M. de Bouhélier. C'est la langue même des tragiques grecs. »

Oui, c'est bien là, comme le constate Laurent Tailhade la langue même des tragiques grecs. Et ce qu'il y a de plus extraordinaire, et ce qui constitue un tour de force, c'est d'avoir fait parler cette langue à tout un troupeau débraillé et vivant de personnages actuels, dans un décor contemporain. On voit dans cette tragédie, agir, bavarder, roucouler et caqueter des figures que nous rencontrons tous les jours : Un cabaretier, un pharmacien, un curé, des camelots et des bourgeoises. Et voilà la grande originalité que Saint-Georges de Bouhélier vient d'apporter ici : avoir réussi un drame héroïque en s'inspirant de l'actualité, avoir haussé le modernisme jusqu'au ton fabuleux, avoir transfiguré nos banales exclamations de tous les jours, nos propos courants, nos moindres mots, notre jargon vulgaire, parfois populacier en un langage primitif, héroïque et pesant.

Et c'est pourquoi, si l'on peut dire que la *Tragédie du Nouveau Christ* se rapproche des tragiques grecs, on ne peut pas dire qu'elle en est une réminiscence. Cette œuvre d'une « architectonique bizarre et savante » n'est pas que de la littérature, et si cela ne ressemble en rien au théâtre d'aujourd'hui, voyons-y du théâtre de demain.

Oui, un pareil drame correspond bien à l'idée que nous faisons du drame héroïque et social. Les théâtres de demain, je les entrevois, pareils à ces arènes où, dans le midi de la France et dans les provinces de l'Espagne, des populations empressées viennent assister à des hécatombes tauromachiques, s'enivrer du hennissement des cavalcades, se saoûler de couleurs et de sang. Mais tandis que —

aux jeux du cirque — la foule n'est simplement en quête que de frissons bassement physiques et barbares, dans les théâtres bâtis par les démocraties communistes, celles-ci rechercheront surtout des exploits héroïques, des états d'exaltations humanitaires, une apothéose de l'espèce, des spectacles plastiques.

Je pense donc que la *Tragédie du Nouveau Christ* est un ouvrage absolument en rapport avec cette conception. Méprisant les bas côtés épisodiques, ignorant des petites psychologies individuelles, l'auteur a réussi à nous émouvoir en faisant évoluer devant nous des entités sociales. des incarnations de sentiments éternels. Il a groupé autour de ses personnages de vastes figurations populaires. Et avec ce sujet très simple : La lutte inévitable et fatale entre les héros et la foule, il a écrit une grande féerie sociale, une fiction réaliste, qui, selon l'expression de Laurent Tailhade, que je ne puis me dispenser de citer encore, « marque l'heure de l'histoire et la pensée de l'univers au moment où nous sommes ».

Je ne sais si Saint-Georges de Bouhélier se dispose à faire représenter son drame sur une de nos scènes parisiennes. Nos directeurs boulevardiers sont d'ailleurs peu enclins à monter de tels ouvrages qui comportent une pareille mise en scène. Songez que depuis des années et des années, le public et la critique réclament en vain la reprise du chef-d'œuvre dramatique de Victor-Hugo : *Les Burgraves*. Il est vrai qu'on dépense des centaines de mille francs pour mettre en scène de vastes niaiseries dans la manière de *Quo vadis* ?

Pour moi, je pense que nos tréteaux parisiens ne seraient point des cadres idoines à la représentation de ce Nouveau Christ. Et, comme il n'est jamais défendu de rêver, c'est dans un centre prolétarien, au cours de grands événements comme la belle épopée économique qui vient de se dérouler à Montceau-les-Mines, c'est en pleine région manufacturière que je voudrais voir représenter pour la première fois la véhémente tragédie de Bouhélier. N'est-ce pas, que ce serait une belle première, et je crois bien qu'il s'y passerait quelque chose !

St-Amand. — Imp. Em. Pivoteau.

www.ingramcontent.com/pod-product-compliance
Ingram Content Group UK Ltd.
Pitfield, Milton Keynes, MK11 3LW, UK
UKHW021038260726
13994UKWH00005B/2230

9 782329 432465